棒針とかぎ針で編む
普段着に合わせやすいスヌードからネックウォーマーまで

毎日使える定番の
こどもニットマフラー

誠文堂新光社

『毎日使える定番のこどもニットぼうし（誠文堂新光社刊）』に続き、本書ではおしゃれキッズの普段着に合わせやすいマフラー31パターンを紹介します。使い勝手のいい形とスタイリッシュな配色に加え、人気のスヌードやネックウォーマー、ティペットまで網羅。ぼうしよりも少し時間はかかるものの、まっすぐ編みならストレスなく無心で編め、失敗も少なめ。サイズ調整などのアレンジもしやすいので親子でのお揃いもおすすめです。こどもたちの冬のファッションを暖かく、かわいらしく演出する頼れる"定番"を、ぜひ見つけてください。

contents

Muffler マフラー

P.08 —— 01 すべり目マフラー

P.10 —— 02 メリヤス編みのボーダーマフラー

A　　B

P.12 —— 03 ミックス編みマフラー

P.14 —— 04 かぎ針編み込み模様マフラー

P.16 ── 05 ボンボンつき 編み込みマフラー ✕

A B

P.18 ── 06 ストライプ＆ボーダー ロングマフラー ✕

A B

P.20 ── 07 変わり糸の ガーター編みマフラー ✕

A B

P.22 ── 08 編み込み模様の アラン編みマフラー ✕

P.24 ── 09 ストール風 幅広マフラー ✕ ╱

P.26 ── 10 極太糸の引き上げ 編みマフラー ✕

P.28 ── 11 ネット編みの パステルトーンマフラー ╱

P.30 ── 12 表目×裏目の ボリュームマフラー ✕

P.32 ── 13 5色使いの ブロックマフラー ✕

✕ 棒針編み　╱ かぎ針編み

Snood スヌード

P.36 — 14 モール糸の モコモコスヌード

P.38 — 15 引き揃えの ゆる編みスヌード

A　B

P.40 — 16 スパイラル編み スヌード

A　B

P.42 — 17 ねじりアラン編み スヌード

P.44 — 18 3種編みスヌード

A　B

P.46 — 19 異素材バイカラー スヌード

Neck warmer ネックウォーマー

P.50 — 20 タッセルつき 方眼編みネックウォーマー

P.52 — 21 ライン入りシンプル編み ネックウォーマー

A　B

P.54 — 22 水玉模様の ネックウォーマー

A　B

P.56 — 23 パッチワーク ねじりネックウォーマー

P.58 — 24 リバーシブルの ファーえりまき

P.60 — 25 極太糸の ハイネックウォーマー

A　　　B

Extra　個性派まきもの

P.64 — 26 インコブローチつき ティペット

P.66 — 27 クマ耳フードつき マフラー

P.68 — 28 アラン編みの ネックショール

P.70 — 29 ネップ糸の 玉編みティペット

A　　　B

P.72 — 30 ネコとキツネの アニマルマフラー

ネコ　　　キツネ

P.74 — 31 ボンボンミトンつき マフラー

P.76　編み物の基礎　必要な用具
P.77　ガーター編みのプロセス

P.80　HOW TO MAKE
P.124　棒針編みの編み記号
P.126　かぎ針編みの編み記号

Muffler
マフラー

いろいろな巻き方を楽しめるマフラーは
冬のファッションに欠かせないアイテム。
コンパクトなものからボリュームタイプまで
コーディネートに合わせて選べる
13デザイン17配色のマフラーを提案します。

01 すべり目マフラー

幾何学模様の編み込みのように見えますが、すべり目をするだけで模様ができる簡単なデザイン。表面と裏面では模様が異なるので表面が出るように巻きましょう。

HOW TO MAKE → **P.80**
MODEL/Kuranosuke Tanaka
DESIGN/Yuki Takagiwa

02 メリヤス編みのボーダーマフラー

輪編みで編めば、表編みだけで編めるシンプルなマフラー。ボーダーの幅や色はお好みでアレンジを。ポンポンをフリンジに変えてもかわいく仕上がります。

HOW TO MAKE → **P.81**
MODEL/Jun Akiyama、Ren Akiyama
DESIGN/Yuki Takagiwa

A B

11

03 ミックス編みマフラー

10種類の模様が入っているので飽きずに楽しく編めます。模様ごとに色を変えてアレンジするのもおすすめ。仕上げにスチームをたっぷり当てて、しっかり形を整えましょう。

HOW TO MAKE → **P.82-84**
MODEL/Yuine Sasaki
DESIGN/blanco

04 かぎ針編み込み模様マフラー

北欧風のオリジナル模様がポイント。かぎ針でぐるぐると筒状に編むので裏を気にせず編むことができます。1種類の模様をピックアップして編むのもおすすめです。

HOW TO MAKE → **P.85-87**
MODEL/Kuranosuke Tanaka
DESIGN/Inko Kotoriyama

05 ボンボンつき編み込みマフラー

クローバー模様の編み込みマフラー。シンプルなデザインと配色なので、大きめのボンボンをつけてもこどもっぽくならずシックな雰囲気に仕上がります。

HOW TO MAKE → **P.88**
MODEL/Saku Yasutome
DESIGN/blanco

A　B

06 ストライプ&ボーダー ロングマフラー

ストライプとボーダーがアクセントのシンプルなメリヤス編みマフラー。編み地の端が丸まるのをそのまま生かし、縄のようにぐるぐる巻けるのがポイントです。

HOW TO MAKE → **P.89**
MODEL/Jun Akiyama、Ren Akiyama
DESIGN/Kazumi Miyai

07 変わり糸の ガーター編みマフラー

モコモコの糸や毛足の長い糸など、変わり糸を太めの針でゆったり編んだボリュームマフラー。大人も使えるサイズ感ですが、シンプルな編み方なのでアレンジも自在です。

HOW TO MAKE → **P.90**
MODEL/Yuine Sasaki
DESIGN/Mie Takechi

A

B

08 編み込み模様のアラン編みマフラー

編み込みと縄編みのマフラー。縄編み部分はこどもの首に沿うように、アイロンを当てず縮めたままにしています。スチームアイロンをかければ、編み込みと縄編み模様が同じ幅に。

HOW TO MAKE → **P.91-92**
MODEL/Kotone Oki
DESIGN/Yuki Takagiwa

09 ストール風幅広マフラー

横のラインは編み込み、縦のラインは編みつけているので、複雑に見えるチェック柄も簡単。巻く際は2つ折りに、幅広タイプなのでさっと肩に羽織ってもきまります。

HOW TO MAKE → **P.93**
MODEL/Saku Yasutome
DESIGN/blanco

10 極太糸の引き上げ編みマフラー

2段ごとに編み方向を変える少し変わった編み方。極太糸でザクザクとリズムよく編め、すぐに編み上がるのも魅力です。

HOW TO MAKE → **P.94**
MODEL/Tote Takahashi
DESIGN/Yuki Takagiwa

11 ネット編みの
パステルトーンマフラー

パステルトーンの段染め糸をネット編みにしたエレガントな雰囲気のマフラー。首にあたる部分は玉編みにして保温性とボリューム感を出しています。

HOW TO MAKE → **P.95**
MODEL/Kotone Oki
DESIGN/Yuki Takagiwa

12 表目×裏目の ボリュームマフラー

糸を変えるごとにメリヤス編みの表目と裏目を交互に編んだマフラー。ボリュームのあるサイズなので大人でも十分。お好みでフリンジをつけるのもおすすめです。

HOW TO MAKE → **P.96**
MODEL/Tote Takahashi
DESIGN/Mie Takechi

13　5色使いの ブロックマフラー

メリヤス編みとガーター編みのブロックを縦長に編み、サイドをはぎ合わせたマフラー。2つ折りでコンパクトに巻けば、アクセサリー感覚で身につけられます。

HOW TO MAKE → **P.97**
MODEL/Yuine Sasaki
DESIGN/Kazumi Miyai

Snood
スヌード

輪っか状のスヌードは、首にかけるだけで
ファッションのアクセントに。二重にかぶれば
マフラー並みのボリュームが出るので保温性もばっちり。
6デザイン9配色揃えたスヌードは、
ロング丈からショート丈まで好みや用途で選べます。

14 モール糸のモコモコスヌード

肌触りのいいモコモコのモール糸で編んだボリューム感のあるスヌード。まっすぐVの字に編むだけでできるシェブロン(ジグザグ)柄が特徴で、モダンな雰囲気に。

HOW TO MAKE → **P.98**
MODEL/Kuranosuke Tanaka
DESIGN/Inko Kotoriyama

15 引き揃えの ゆる編みスヌード

2本取りの糸をジャンボ針でザクザク編んだゆるさが魅力のスヌード。糸を異なる色で引き揃えたり針のサイズを変えるなど、アレンジも簡単に楽しめます。

HOW TO MAKE → **P.99**
MODEL/Saku Yasutome
DESIGN/Inko Kotoriyama

16 スパイラル編みスヌード

超極太糸のスヌード。掛け目と2目一度をリズムよく繰り返すと、スパイラル模様が現れます。さし色や糸の種類、幅などをお好みでアレンジするのもおすすめです。

HOW TO MAKE → **P.100**
MODEL/Tote Takahashi
DESIGN/Yuki Takagiwa

17 ねじりアラン編みスヌード

初めてでも挑戦しやすい、太め糸で編むアラン編みのスヌード。ショート丈なのでファッションのアクセントとしてさっと首にかけるだけでおしゃれ。大人にも使えるサイズです。

HOW TO MAKE → **P.101**
MODEL/Yuine Sasaki
DESIGN/blanco

18 3種編みスヌード

3種類の編み方をミックスしたスヌード。かぶったり、2重巻など巻き方によって違う雰囲気を楽しめます。模様によって幅が変わった場合はスチームアイロンで整えればきれいに仕上がります。

HOW TO MAKE → **P.102-103**
MODEL/Jun Akiyama、Ren Akiyama
DESIGN/Yuki Takagiwa

19 異素材バイカラースヌード

極太糸を少し小さめの針で編んだスヌード。
さっとかぶるだけで形が決まるのでスヌード
初心者にもおすすめです。

HOW TO MAKE → **P.104**
MODEL/Tote Takahashi
DESIGN/blanco

Neck warmer
ネックウォーマー

首元にほどよくフィットするネックウォーマーは
はだける心配がないので、アウトドアシーンでも大活躍。
スポーティーなものから、コーディネートの
幅が広がるリバーシブル仕様まで
6デザイン9配色を紹介します。

20 タッセルつき 方眼編みネックウォーマー

二重に折り畳んでも、くしゅっとかぶっても かわいい。3段1模様なので簡単に幅を調節 でき、フリンジのボリュームや色を変えれば また違った雰囲気を楽しめます。

HOW TO MAKE → **P.105**
MODEL/Saku Yasutome
DESIGN/blanco

21 ライン入りシンプル編みネックウォーマー

ほどよくフィットするコンパクトなタイプなので、スポーツのときなどアクティブなシーンにぴったり。輪編みで編めば、表編みだけで編めます。

HOW TO MAKE → **P.106**
MODEL/Ren Akiyama
DESIGN/blanco

22 水玉模様のネックウォーマー

リバーシブル仕様のネックウォーマー。目に巻きつける水玉模様は、一定の強さで巻くときれいに仕上がります。シンプルなコーディネイトのアクセントに。

HOW TO MAKE → **P.107**
MODEL/Saku Yasutome
DESIGN/Yuki Takagiwa

A

B

23 パッチワークねじりネックウォーマー

やさしいベージュ色のウール糸と毛足の長いふわふわのモヘヤ糸を長編みや玉編みなどでつないだスヌード。2重でボリュームがあるものの、半分がモヘヤ糸なので見た目よりも軽い仕上がりになります。

HOW TO MAKE → **P.108-109**
MODEL/Yuine Sasaki
DESIGN/Inko Kotoriyama

24 リバーシブルのファーえりまき

肌触りのいいふかふかのファーと模様編みのリバーシブル仕様のえりまき。引き抜きはぎをきつくすると伸縮しなくなるので、程よい力加減ではぎ合わせましょう。

HOW TO MAKE → **P.110**
MODEL/Saku Yasutome
DESIGN/Yuki Takagiwa

25 極太糸の ハイネックウォーマー

極太糸をジャンボかぎ針でザクザク編んだネックウォーマー。1時間ほどで完成し、サイズ調整も簡単なので、兄弟姉妹はもちろん親子でお揃いも楽しめます。

HOW TO MAKE → **P.111**
MODEL/Kuranosuke Tanaka
DESIGN/Mie Takechi

A

B

Extra
個性派まきもの

定番とともに活躍してくれるのが
個性豊かなエクストラバージョン。
兄弟姉妹でお揃いを楽しんだり、
贈り物にしても喜ばれそうな
かわいらしさ満点の6デザイン8配色です。

26 インコブローチつきティペット

ソフトな肌触りのループ糸を使用。厚みが出る引き上げ編みは棒針風に編み上がるのが特徴。インコブローチはバッグやニットぼうしなどにつけてもかわいい。

HOW TO MAKE → **P.112-113**
MODEL/Kotone Oki
DESIGN/Inko Kotoriyama

27 クマ耳フードつきマフラー

ぬいぐるみのような質感のアルパカ混糸を使用。耳の位置がポイントなので、仮留めでバランスを見てから取りつけましょう。

HOW TO MAKE → **P.114-115**
MODEL/Kuranosuke Tanaka
DESIGN/Yuki Takagiwa

28 アラン編みのネックショール

ネックから編み進めるショール。ネック部分はダブルに折っても、そのままたるませて着用してもOK。ボンボンのブローチがカジュアルなアクセントになります。

HOW TO MAKE → **P.116-117**
MODEL/Yuine Sasaki
DESIGN/Yuki Takagiwa

29 ネップ糸の玉編みティペット

1種類の糸でもポンポンのさし色で華やかな
印象に。玉編みのボリューム感とダッフル
コートなどに使われるボタンの相性がよく、
どんなファッションに合わせてもおしゃれ。

HOW TO MAKE → **P.118**
MODEL/Kotone Oki
DESIGN/blanco

A

B

30 ネコとキツネのアニマルマフラー

昔ながらのクリップつきアニマルマフラー。
はだける心配がなく思いっきり遊べ、毛足が
長くチクチクしないやわらかい糸を使用して
いるので一日中快適に身につけられます。

HOW TO MAKE → **P.119-121**
MODEL/Kotone Oki、Kuranosuke Tanaka
DESIGN/Inko Kotoriyama

31 ボンボンミトンつきマフラー

ワッフルのような立体的な編み地は二重にしたかのような厚みが出ます。ミトンはマフラーと一体化しており、片方落とすといった心配なし。マフラーの飾りとしてもかわいい。

HOW TO MAKE → **P.122-123**
MODEL/Kuranosuke Tanaka
DESIGN/Inko Kotoriyama

編み物の基礎

【 必要な用具 】本書の作品を編むために必要な用具を紹介します。

［棒針］

長さや太さなどサイズバリエーションが豊富。0〜15号まであり、本書では6〜15号を主に使用。15号以上はミリ表示になり、極太糸やあえて大きく編みたい時におすすめです。

アミアミ玉付き2本針
8mm（長さ33cm）

［かぎ針］

初めてでも使いやすい指にフィットするグリップタイプで、本書では3/0〜10/0号を主に使用。10/0号以上はミリ表記になり、極太糸やあえて大きく編みたい時におすすめです。

アミアミ両かぎ針ラクラク　3/0〜10/0号

ジャンボニー針　8mm

［輪針］

筒状に編む時におすすめ。長さや太さなどサイズバリエーションが豊富で、とくにコードの長さが重要。本書では60cmを使用していますが、好みや仕上がりサイズで選びましょう。

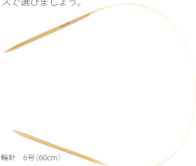

輪針　6号（60cm）

［なわ編み針］

交差編みをする際、目を休ませるために使用。

なわあみ針

［とじ針］

目をとじたりはぐときに使用。刺しゅうの時にも使います。

毛糸とじ針

［編目リング］

減目や増目、模様編みの位置などを示す際に使用。

編目リング

［段目リング］

長いマフラーを編むときなど段数を示す際に使用。

段目リング

［くるくるボンボン］

マフラーの飾りになるボンボンがきれいに簡単に作れるメーカー。本書では直径9cm、7cmを使用。

くるくるボンボン

直径9cm

直径7cm

すべての用具／ハマナカ株式会社

【 ガーター編みのプロセス 】

P.20の「変わり糸のガーター編みマフラー」を例に、ガーター編みのプロセスを交えながら、マフラーの基本的な作り方を紹介します。ガーター編みは、表編みだけもしくは裏編みだけで編める棒針編みの基本です。※本書では裏編みだけで編んでいますが、お好みでどうぞ。

作り目の編み方

1　1本の針に輪を通し、右手で押さえながら左手の親指に短い糸をかけ、人差し指に長い糸をかける。

2　針で親指にかけた手前の糸を引っかける。

3　そのまま人差し指にかけた糸に引っかける。

4　親指にかかった糸の下から引き出し、親指から糸を離す。

5　人差し指の糸をはずして2本の糸を下に引き、針に作り目を作る。

6　2〜5の工程を繰り返しながら、必要な数の作り目を作る。

ガーター編みの編み方

1 作り目をした方の針を左手に、もう1本の針を右手に持ち、糸を手前にし、右針を左針の手前側に入れる。

2 右針にかけた糸を下から引っかける。

3 左針から目をはずすと裏目が1目できる。

4 1〜3を繰り返すと、右針に裏目ができる。

5 4を左手に持ち替え、裏目を編み続けるとガーター編みができる。必要な段数を編む。

6 糸を変えるときは糸端を15cmほど残し、新しい糸を針の上に置く。

7 1〜3と同じ要領で編む。

8 必要な段数を編む。

9 このような編み地になる。

裏目の伏せ止め

1 裏目を2目編む。

2 左針で右の目を左の目にかぶせる。

3 右針で目を抜く。

4 左針から目を抜くと伏せ目ができる。

5 "裏目を1目編んで伏せる"を繰り返す。

6 端まで伏せたら糸をカットし、最後の輪に通して引きしめる。

マフラー ➡ スヌードのアレンジ

まっすぐ編むだけで完成するシンプルなマフラーは、端にフリンジをつけたり、ボンボンをつけてアレンジが楽しめる。端と端をはぎ合わせれば、ボリュームたっぷりのスヌードに！

HOW TO MAKE

01 すべり目マフラー P.8

[糸] ハマナカ オフコース！ビッグ/グレー(107)100g、黄(115)85g
[針] 棒針15号
[ゲージ] 13目22段 10cm四方
[サイズ] 幅15cm、長さ125cm（フリンジ含まず）

[編み方]
① 指でかける作り目で19目作る。
② 2段ごとに色を変えながらすべり目をし、最後は伏せ止めをする。
③ 黄糸で30cmのフリンジを36本作る。
④ ③を2本取ずつ取り両端9ヵ所にフリンジをつける。

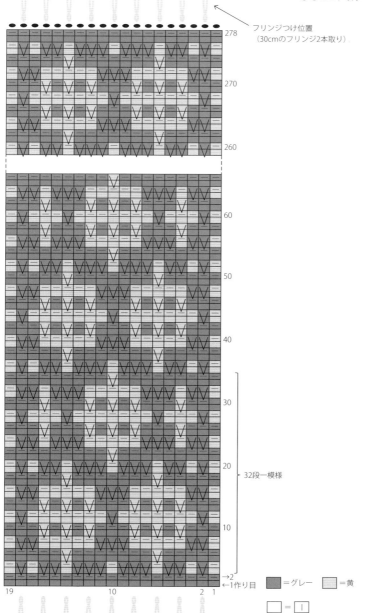

32段一模様

■ =グレー　□ =黄
□ = |

278段（125cm）
19目（15cm）
フリンジつけ位置（30cmのフリンジ2本取り）

[フリンジのつけ方]

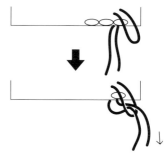

糸を指定の長さにカットし、二つ折りにした輪の方を下から通す。糸端を輪に通し、矢印の方向に引き抜く。

02 メリヤス編みのボーダーマフラー　P.10

[糸] A：DARUMA 原毛に近いメリノウール/白(1)57g、
　　オレンジ(19)46g、茶(3)21g
　　B：DARUMA 原毛に近いメリノウール/緑(15)30g、
　　青(7)30g、グレー(8)60g
[針] 棒針8号
[その他] ハマナカ くるくるボンボン/直径9cm
[ゲージ] 19目25段 10cm四方
[サイズ] 幅13cm、長さ125cm(ボンボン含まず)

[編み方]
①別くさり目で50目作り、輪にする。
②色配分表のとおりに、色を変えながら編む。
③310段編み終わったら25目ずつ針に分け、引き抜きはぎにする。
④作り目をほどき25目ずつ針に移し、引き抜きはぎにする。
⑤くるくるボンボンに120回糸を巻いてボンボンを作り、縫いつける。

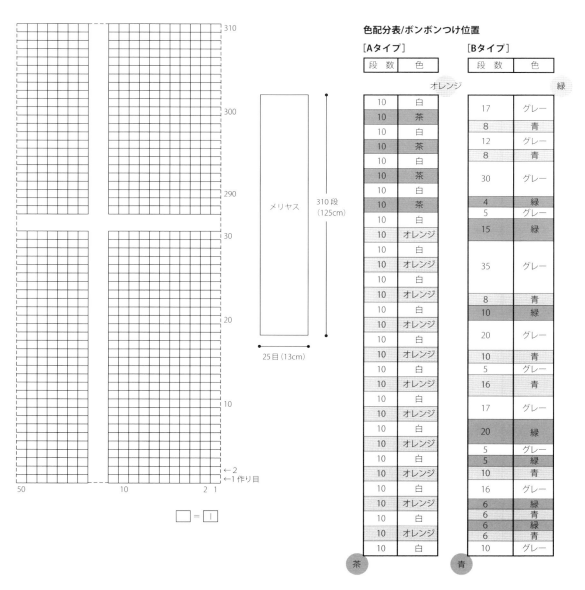

色配分表/ボンボンつけ位置

[Aタイプ]　オレンジ

段数	色
10	白
10	茶
10	白
10	茶
10	白
10	茶
10	白
10	茶
10	白
10	オレンジ
10	白
10	オレンジ
10	白
10	オレンジ
10	白
10	オレンジ
10	白
10	オレンジ
10	白
10	オレンジ
10	白
10	オレンジ
10	白
10	オレンジ
10	白
10	オレンジ
10	白
10	オレンジ
10	白

茶

[Bタイプ]　緑

段数	色
17	グレー
8	青
12	グレー
8	青
30	グレー
4	緑
5	グレー
15	緑
35	グレー
8	青
10	緑
20	グレー
10	青
5	グレー
16	青
17	グレー
20	緑
5	グレー
5	緑
10	青
16	グレー
6	緑
6	青
6	緑
6	青
10	グレー

青

03 ミックス編みマフラー P.12

- [糸] ハマナカ ソノモノ アルパカウール/白(41)65g、グレー(44)55g、グレー×白(48)50g
- [針] 棒針11号
- [ゲージ] A、C、D、F、G、I、Jは18目22段 10cm四方
  B、E、Hは18目23段 10cm四方
- [サイズ] 幅16.5cm、長さ137cm

[編み方]
① 指でかける作り目で30目作る。
② 編み図のとおり模様編みで328段編む。

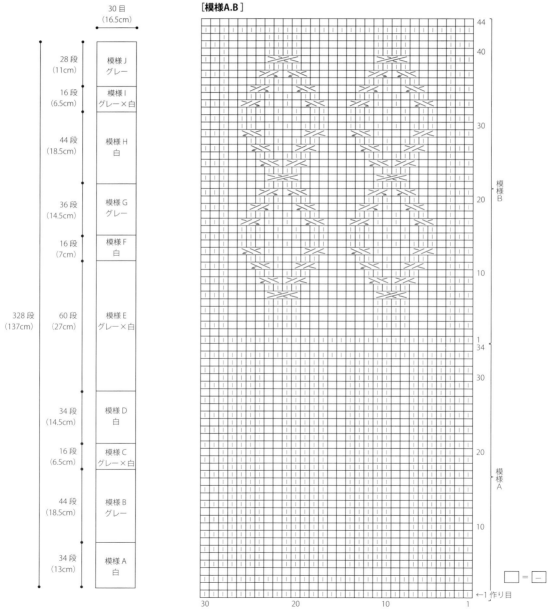

HOW TO MAKE

[模様C.D.E] [模様E.F.G]

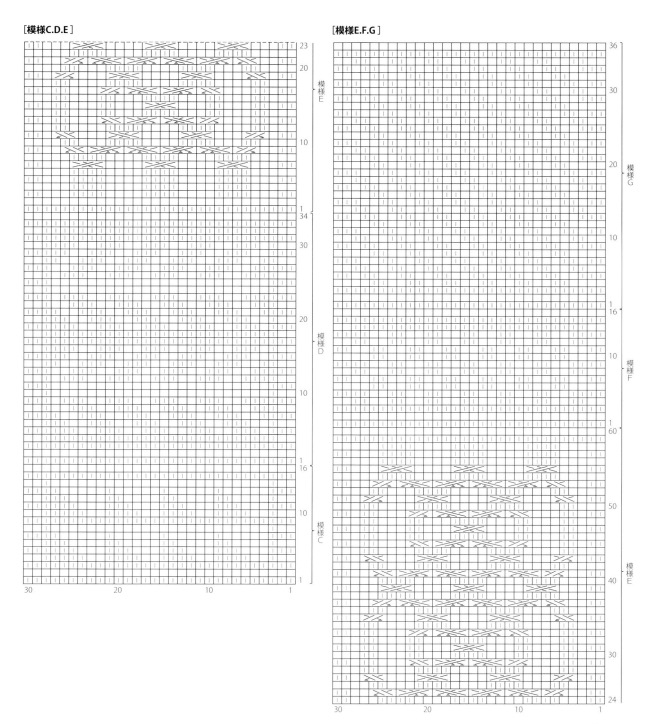

[模様H.I.J]

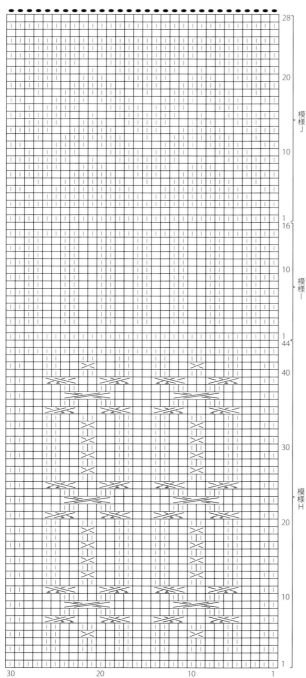

HOW TO MAKE

04 かぎ針編み込み模様マフラー P.14

[糸] パピー プリンセスアニー /白(502)80g、緑(552)80g
[針] かぎ針7/0号
[その他] ハマナカ くるくるボンボン/直径7cm
[ゲージ] 18目16段 7.5cm四方
[サイズ] 幅7.5cm、長さ90cm(ボンボン含まず)

[編み方]
①作り目はくさり編み36目で輪にし、細編みで編み図のとおり編み込みしながら189段編む。
②筒状にできた本体の両端の口に糸を通し、しぼり閉じる。
③白と緑の糸2本取りでくるくるボンボンに100回ずつ巻き、ボンボンを2つ作りマフラーの先端に結びつける。

[本体編み図]

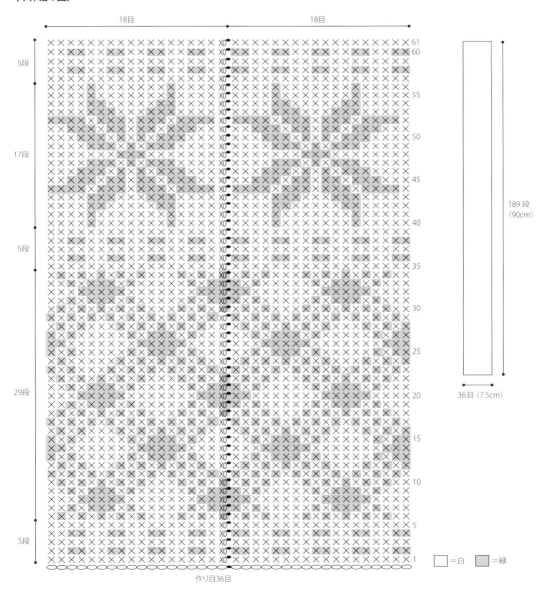

[本体編み図]

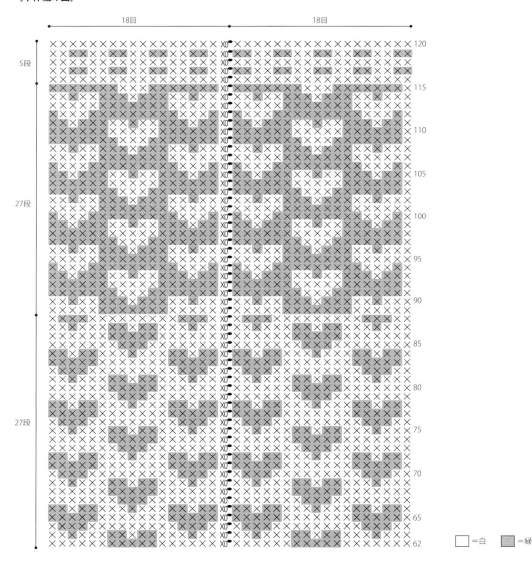

HOW TO MAKE

[本体編み図]

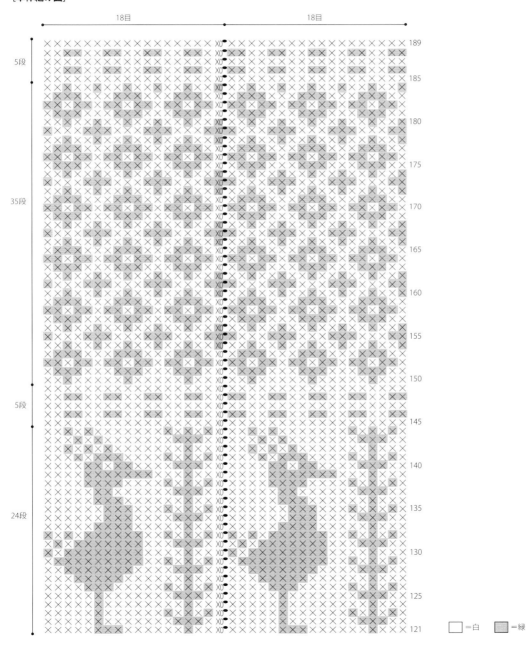

□=白　■=緑

87

05 ボンボンつき編み込みマフラー P.16

- [糸] A:DARUMA やわらかラム/ベージュ(25)80g、アイボリー(2)15g、紫(30)25g
  B:DARUMA やわらかラム/グレー(11)80g、水色(32)15g、マスタード(33)25g
- [針] 輪針6号
- [その他] ハマナカ くるくるボンボン/直径9cm
- [ゲージ] 27目34段 10cm四方
- [サイズ] 幅11cm、長さ122cm(ボンボン含まず)

[編み方]
① 指でかける作り目で60目作り、輪にする。
② 編み図のとおり模様編みで334段編む。
③ 編み始め、編み終わりそれぞれに糸を通ししぼる。
④ くるくるボンボン(9cm)に260回糸を巻いてボンボンを2つ作り、端につける。

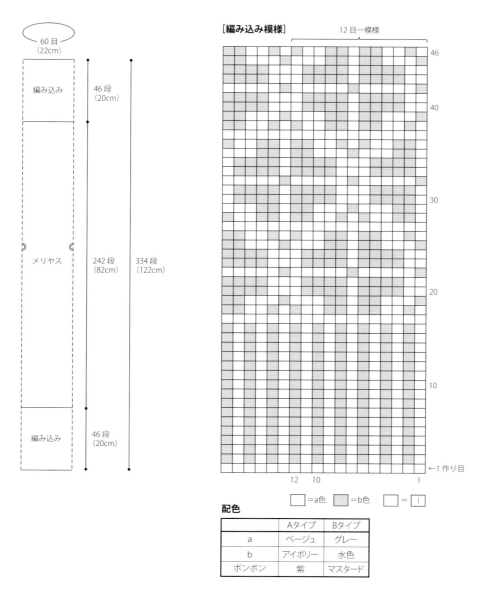

配色

	Aタイプ	Bタイプ
a	ベージュ	グレー
b	アイボリー	水色
ボンボン	紫	マスタード

HOW TO MAKE

06 ストライプ&ボーダーロングマフラー P.18

[糸] A:パピー クイーンアニー/白(802)150g、
　　 ピンク(102)20g、紺(828)20g
　　 B:パピー クイーンアニー/黒(803)150g、赤(822)20g、
　　 グレー(832)20g
[針] 棒針8号
[ゲージ] 20目26段 10cm四方
[サイズ] 幅18cm、長さ246cm

[編み方]
①指でかける作り目で34目作る。
②編み図のとおり612段編む。

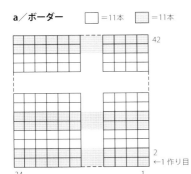

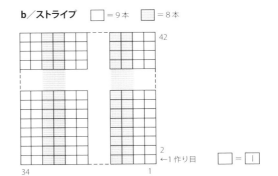

配色

	Aタイプ	Bタイプ
本体	白	黒
a・b	紺	赤
a・b	ピンク	グレー

07 変わり糸のガーター編みマフラー P.20

[糸] A:ハマナカ ソノモノ スラブ〈超極太〉/白(31)215g、
　　　ソノモノ ループ/茶(53)40g
　　B:DARUMA クラシックツイード/レンガ(5)145g、
　　　ウールモヘヤ/ベージュ(2)20g
[針] A/棒針10mm、B/棒針8mm
[ゲージ] A/10目18段 10cm四方、B/12目20段 10cm四方
[サイズ] A/幅25cm、長さ125cm(フリンジ含まず)
　　　　 B/幅38cm、長さ133cm

[編み方]
①指でかける作り目で25目(Bは38目)作る。
②編み図のとおりにAは茶糸、Bはベージュ糸に途中糸変えし、模様編みで192段(Bは250段)編む。
③Aは約20cmにカットした白糸を二つ折りにして、両端25ヵ所にフリンジをつける。※P.80参照

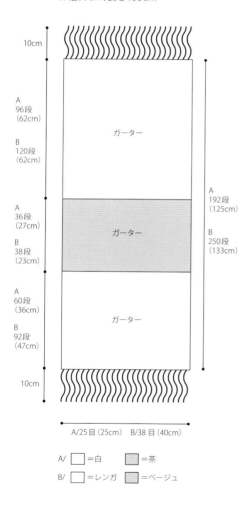
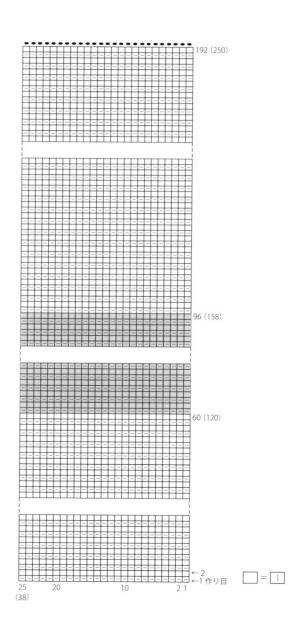

08 編み込み模様のアラン編みマフラー P.22

[糸] DARUMA メリノスタイル並太/アイボリー(2)150g、
　　ミント(16)15g、ベージュ(4)12g、ピンク(17)10g
[針] 棒針6号
[ゲージ] 編み込み 20目21段 10cm四方
　　　　 アラン 35目25段 10cm四方
[サイズ] 幅10~15cm、長さ120cm(フリンジ含まず)

[編み方]
①別くさり目で60目作り、輪にする。
②編み図のとおりに、編み込み模様を編む。
③アラン模様で増し目、減目をする。
④編み込み模様を編み、30目ずつ針に分け、引き抜きはぎにする。
⑤作り目をほどき30目ずつ針に移し、引き抜きはぎにする。
⑥30cmのフリンジをそれぞれの色で作り(ピンク28本、薄緑28本、ベージュ24本)、4本取り(同色)で両端10ヵ所にフリンジをつける。※P.80参照

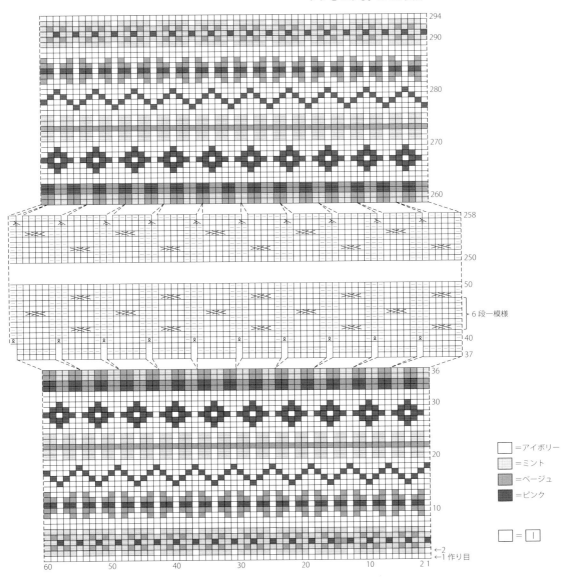

フリンジつけ位置
（30cmのフリンジ同色4本取り）

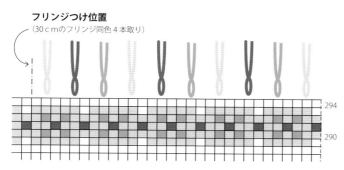

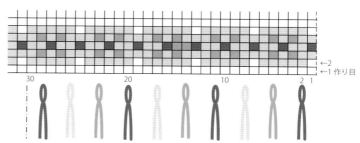

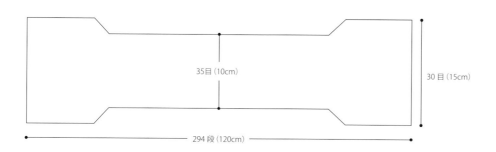

09 ストール風幅広マフラー P.24

[糸] DARUMA シェットランドウール/紺(5)125g、
白(1)20g、ブルーグリーン(7)15g、茶(3)10g
[針] 棒針6号、かぎ針6/0号
[ゲージ] 11目16段 5cm四方
[サイズ] 幅34cm、長さ112cm

[編み方]
①指でかける作り目で34目作る。
②編み図のとおり模様編みで378段編む。
③茶糸とブルーグリーン糸で縦線をかぎ針で引き抜き編みで編みつける。

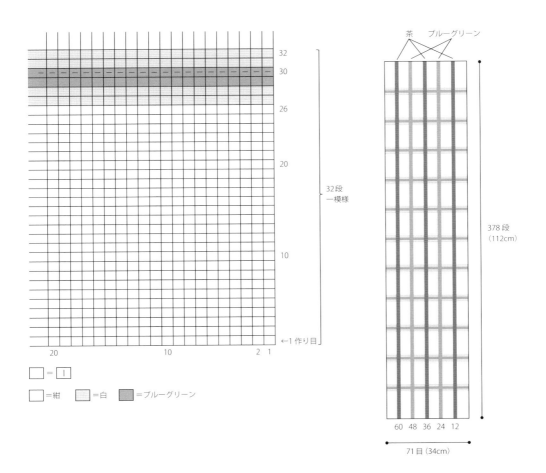

10 極太糸の引き上げ編みマフラー　P.26

[糸] ハマナカ ドゥー！/青(5)90g、茶(6)90g
[針] 棒針10mm
[ゲージ] 8.5目12.5段 10cm四方
[サイズ] 幅13cm、長さ115cm(フリンジ含まず)

[編み方]
①青糸で指でかける作り目で11目作る。その際、糸端を20cmほど残す。
②2段目は茶糸で表を見て編む。その際、糸端を20cmほど残す。
③2段ごとに編み方向を変え144段編む。(12段目から表目と裏目をチェンジする)
④青糸で伏せ止めをする。その際、糸端を20cmほど残す。
⑤フリンジ用に35cmの糸をそれぞれの色で各9本作る。
⑥両端9ヵ所にフリンジをつける。残した糸端もフリンジとして使う。※P.80参照

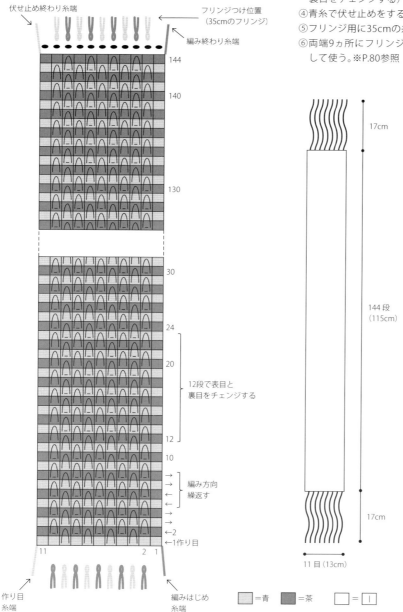

HOW TO MAKE

11 ネット編みのパステルトーンマフラー P.28

[糸] パピー プリンセスアニー/ベージュ(521)80g
　　 レッチェ/ブルー、グレー系の多色段染め(412)40g
[針] かぎ針6/0号
[ゲージ] 玉編み 20目16段 10cm四方、ネット編み 1段
　　　　 横15cm 縦1cm
[サイズ] 幅10〜15cm、長さ105cm

[編み方]
①プリンセスアニーでくさり編みを40目作り、輪にする。
②輪の往復編みで73段編む。
③レッチェに糸を変え、輪編みで30段編む
④編み地を逆さにし、糸をつけ反対側のネット編みも同じように編む。

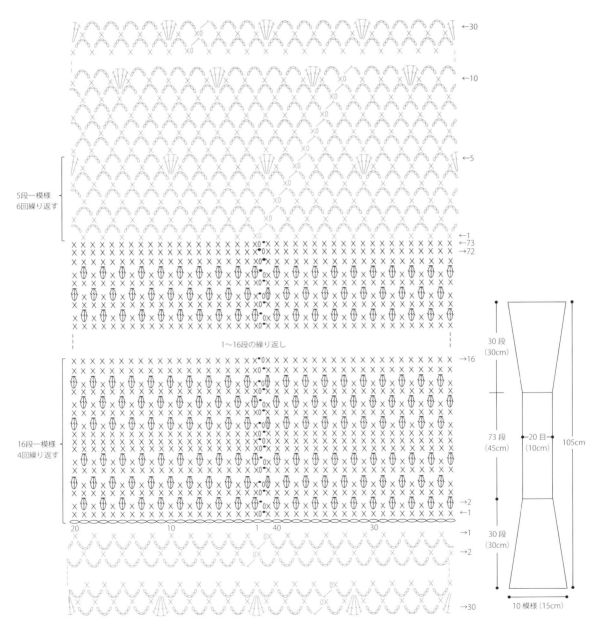

12 表目×裏目のボリュームマフラー P.30

[糸] DARUMA コンビネーションウール/グレー×白(2) 40g、グレー(3)80g、紺×白(6)80g、紺(7)40g、手つむぎ風タム糸/黄(15)5g
[針] 棒針8mm
[ゲージ] 12目15段 10cm四方
[サイズ] 幅34cm、長さ135cm

[編み方]
①指でかける作り目で42目作る。
②配色表のとおりの配色で、編み図のとおり模様編みで206段編む。

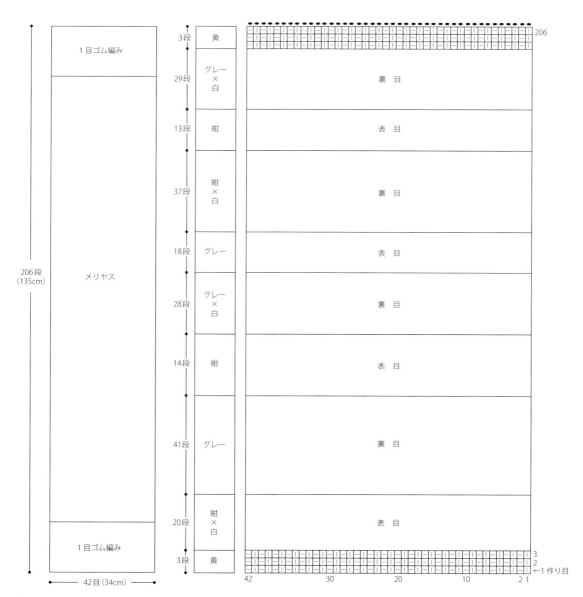

13 5色使いのブロックマフラー P.32

[糸] パピー クイーンアニー/ミント(989)50g、えび茶(929)45g、青(110)45g、グレー(832)55g、オレンジ(103)25g
[針] 棒針8号
[ゲージ] メリヤス編み10目14段 5cm四方
　　　　 ガーター編み9目18段 5cm四方
[サイズ] 幅22cm、長さ116cm

[編み方]
①指でかける作り目で15目作り、編み図のとおりA、B、Cそれぞれを図のとおりに編む。
②AとB、BとCをグレー糸ではぎ合わせる。

A

段数	編み方／色
22	ガーター／a
12	メリヤス／d
18	ガーター／c
12	メリヤス／b
18	ガーター／a
18	ガーター／d
16	ガーター／b
18	ガーター／d
14	メリヤス／e
18	ガーター／a
16	メリヤス／d
16	メリヤス／c
30	メリヤス／d
20	ガーター／e
34	メリヤス／a
26	ガーター／b
20	メリヤス／a
26	ガーター／d

15目

B

段数	編み方／色
16	メリヤス／c
18	ガーター／b
18	ガーター／d
12	メリヤス／e
12	メリヤス／d
36	ガーター／c
14	メリヤス／b
14	メリヤス／c
18	ガーター／b
42	ガーター／a
16	ガーター／b
16	メリヤス／c
32	ガーター／b
26	ガーター／d
26	ガーター／c
18	メリヤス／b
18	メリヤス／c

15目

C

段数	編み方／色
22	ガーター／e
30	メリヤス／a
32	ガーター／b
14	メリヤス／a
18	ガーター／d
18	ガーター／c
18	ガーター／a
16	メリヤス／c
16	メリヤス／b
34	ガーター／e
10	ガーター／a
10	ガーター／d
14	メリヤス／a
26	ガーター／c
36	メリヤス／d
26	ガーター／a

15目

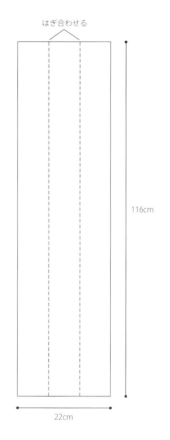

はぎ合わせる
116cm
22cm

配色

a	ミント
b	えび茶
c	青
d	グレー
e	オレンジ

14 モール糸のモコモコスヌード P.36

[糸] スキー毛糸 スキープリモパンナ/白(4201)40g、黄(4203)40g、黒(4208)40g
[針] かぎ針7mm
[ゲージ] 12目4段 10cm四方
[サイズ] 幅21cm、周囲106cm

[編み方]
①作り目はくさり編みで23目編み、模様編みで46段編む。
②本体を輪にし、くさりはぎでつなげる。

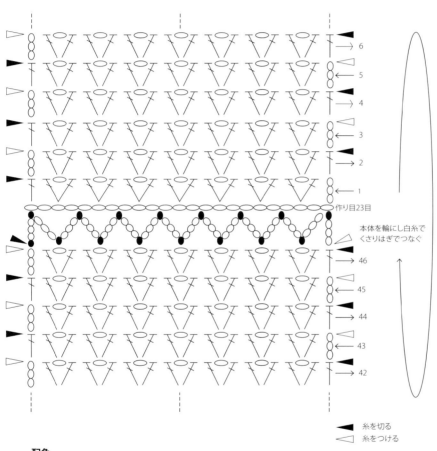

▶ 糸を切る
▷ 糸をつける
← 矢印の方向に編み進める

配色

段数	配色
46	黄
45	黒
44	白
43 ⋮ 4	黄、白、黒の繰り返し
3	黒
2	白
1	黄

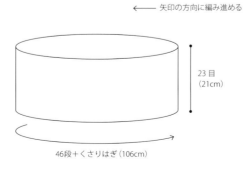

23目(21cm)

46段+くさりはぎ(106cm)

HOW TO MAKE

15 引き揃えのゆる編みスヌード　P.38

[糸] A:DARUMA やわらかラム/紺(38)175g、
　　小巻caféデミ/マスタード(6)3g、ベージュ(10)3g、
　　赤(8)3g、ピンク(4)3g
　　B:パピー プリンセスアニー/グレー(518)65g、
　　緑(552)65g、青(558)3g、こげ茶(561)3g
[針] A/かぎ針5/0号、12mm
　　B/かぎ針5/0号、10/0号
[ゲージ] A/10目6段 10cm四方、B/15目12段 10cm四方
[サイズ] A/幅21cm、周囲110cm、B/幅17cm、周囲106cm

[編み方]
①糸は2本取りで(Bタイプ85、36段以外)指定の配色で編む。
　(数字)はBタイプ。
②12mm針(10/0号)で作り目はくさり編みで22目編み、模様
　編み1、2段を繰り返しながら42(84)段編む。
③5/0号針(5/0号)で43(85)段目を図Aの方向に編みながら引
　き抜き編みで本体42(84)段目とつなぐ。
④5/0号針(5/0号)で44(86)段目を図Aの方向に編みながら引
　き抜き編みで43(85)段目と作り目をつなぐ。

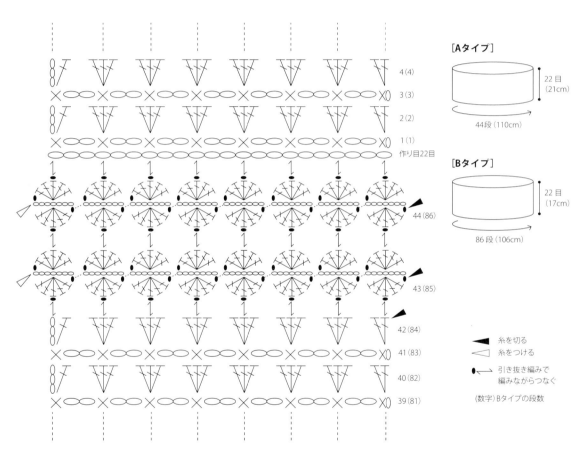

▶ 糸を切る
▷ 糸をつける
● 引き抜き編みで
　編みながらつなぐ

(数字)Bタイプの段数

図A

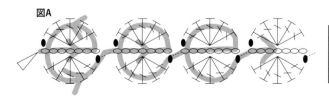

配色

Aタイプ/段数	配色	Bタイプ/段数	配色
44	赤×ピンク	86	こげ茶
43	マスタード×ベージュ	85	青
1〜42	紺	1〜84	グレー×緑

16 スパイラル編みスヌード P.40

[糸] A:ハマナカ コンテ/茶(3) 100g、アメリー/紫(18) 30g
B:ハマナカ ドゥー！/白(1) 100g、
エクシードウールFL〈合太〉/ピンク(208) 30g
[針] 棒針12mm、15号
[ゲージ] A/茶糸 8目9段、紫糸 10目16段 10cm四方
B/白糸 8.5目9段、ピンク糸 12目16段 10cm四方
[サイズ] A/高さ21cm、周囲上84cm 下105cm
B/高さ19cm、周囲上70cm 下100cm

[編み方]
①茶糸(白糸)は12mm針、紫糸(ピンク糸)の2本取りは15号針で編む。
②茶糸(白糸)で指でかける作り目を84目作り、輪にする。
③編み図のとおり途中で紫糸(ピンク糸)に変える。
④最後は伏せ止めをする。

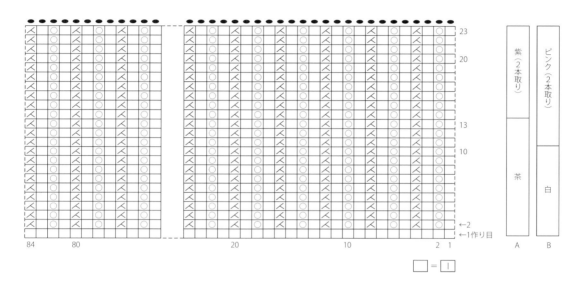

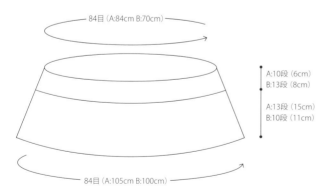

HOW TO MAKE

17 ねじりアラン編みスヌード P.42

[糸] スキー毛糸 スキーワールドセレクションブルーノ／
グレー（517）48g、紺（507）48g
[針] 棒針10号
[ゲージ] 18目22段 10cm四方
[サイズ] 幅20cm、周囲72cm

[編み方]
①指でかける作り目で40目作る。
②模様編みでグレー、紺の編み地2枚を編む。
③図1の❶のように紺表面とグレー裏面をメリヤスはぎをする。
④図1の❷のように紺表面とグレー表面をメリヤスはぎをする。

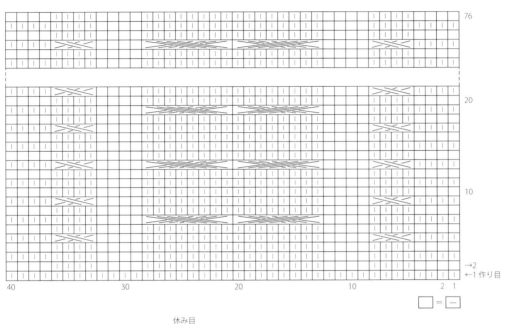

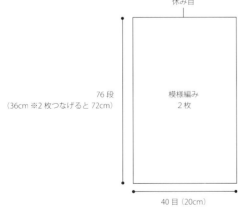

左上4目交差
右上4目交差

P.125の左上2目交差、右上2目交差
部分参照。2目を4目に変更。

[図1]

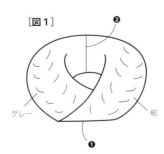

18 3種編みスヌード P.44

[糸] A:DARUMA 原毛に近いメリノウール/紺(14)80g、
黄土色(17)30g
B:DARUMA 手つむぎ風タム糸/グレー(10)60g、
緑(18)18g
[針] 棒針12号
[ゲージ] A/ 14目22段 10cm四方、B/14目21段 10cm四方
[サイズ] A/ 幅17cm、周囲110cm、B/幅17cm、周囲120cm

[編み方]
①Aは2本取り、Bは1本で編む。
②配色表のとおり別くさり目で24目作り、模様1を編む。
③ 糸を変え、模様2、模様3を編む。
④作り目をほどき針に移し、編み終わりと中表に合わせ引き抜きはぎにする。作り目側が1目多いので、途中で2目一度をし引き抜きはぎする。

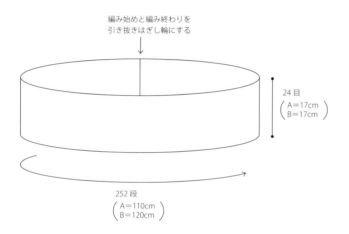

配色

	Aタイプ	Bタイプ
模様1	黄土色	緑
模様2	紺	グレー
模様3	紺	グレー

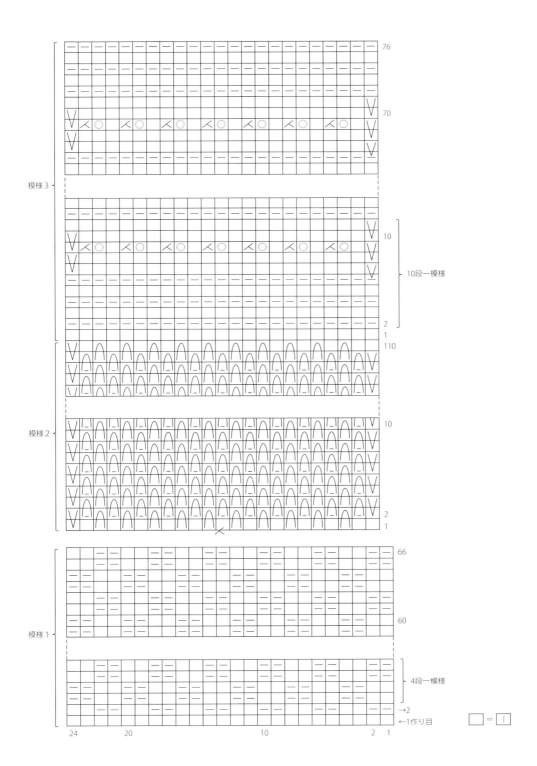

19 異素材バイカラースヌード P.46

[糸] ハマナカ ソノモノ〈超極太〉/茶(13)45g、
　　ソノモノ ループ/白(51)110g
[針] かぎ針8/0号、10/0号
[ゲージ] 8目9cm 6段10cm
[サイズ] 幅12cm、周囲118cm

[編み方]
①作り目はくさり編みで14目編み、茶糸で18段、白糸で52段模様編みで編む。
②編み始めと編み終わりを突き合わせ、巻きかがりをする。

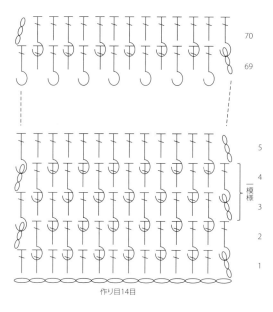

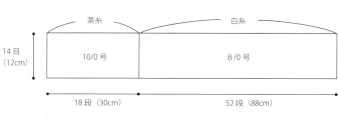

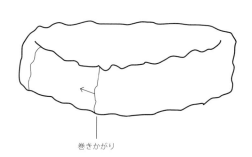

HOW TO MAKE

20 タッセルつき方眼編みネックウォーマー　P.50

[糸] DARUMA メリノスタイル極太/マスタード(311)
95g、メリノスタイル並太/白(1)、水色(8)、
ピンク(17)各4g
[針] かぎ針8/0号
[ゲージ] 14目8段 10cm四方
[サイズ] 幅27cm、周囲65cm

[編み方]
①作り目はくさり編みでマスタード糸で96目編み、輪にする。
②模様編みで22段編む。
③タッセルの作り方を参考に、白、水色、ピンク糸でそれぞれ4個ずつタッセルを作る。
④計12個のタッセルを8目ごとにつける。

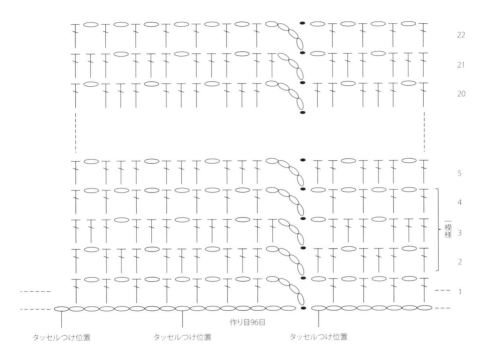

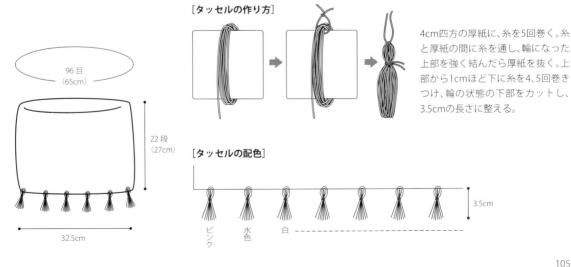

4cm四方の厚紙に、糸を5回巻く。糸と厚紙の間に糸を通し、輪になった上部を強く結んだら厚紙を抜く。上部から1cmほど下に糸を4、5回巻きつけ、輪の状態の下部をカットし、3.5cmの長さに整える。

21 ライン入りシンプル編みネックウォーマー　P.52

[糸] A:ハマナカ ソノモノ アルパカウール〈並太〉/グレー
(64)86g、アルパカ モヘヤフィーヌ/水色(7)3g
B:ハマナカ ソノモノ アルパカウール〈並太〉/白(61)
86g、アルパカ モヘヤフィーヌ/ベージュ(3)3g
[針] 棒針7号
[ゲージ] 22目29段 10cm四方
[サイズ] 幅20cm、周囲45cm

[編み方]
①指でかける作り目で92目作り、輪にする。
②編み図のとおり、模様編みで130段編む。
③編み始めと編み終わりをメリヤスはぎをする。

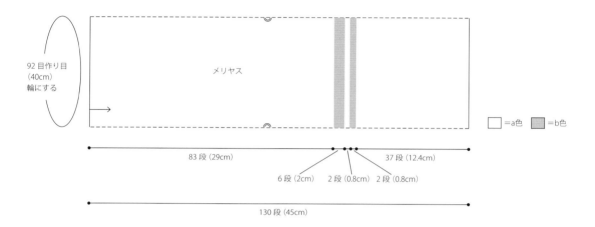

配色

	Aタイプ	Bタイプ
a	グレー	白
b	水色	ベージュ

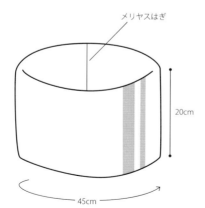

22 水玉模様のネックウォーマー P.54

[糸] A:DARUMA 手つむぎ風タム糸/黄(15)45g、
グレー(10)25g
B:DARUMA 手つむぎ風タム糸/水色(16)45g、
アイボリー(2)25g
[針] 棒針10号
[ゲージ] 玉模様編み 13目20段、ゴム編み 13目23段
[サイズ] 幅15cm、周囲52cm

[編み方]
①グレー糸(アイボリー糸)で別くさり目を72目作り、輪にする。
②玉編み(I 8I I)は黄糸(水色糸)に変える。3目を編んでから、その3目に8回糸を巻く。
③30段編み、黄糸(水色糸)に変える。
④引き上げゴム編みを38段編む。
⑤作り目をほどき針に移し、編み終わりと突き合わせメリヤスはぎをする。

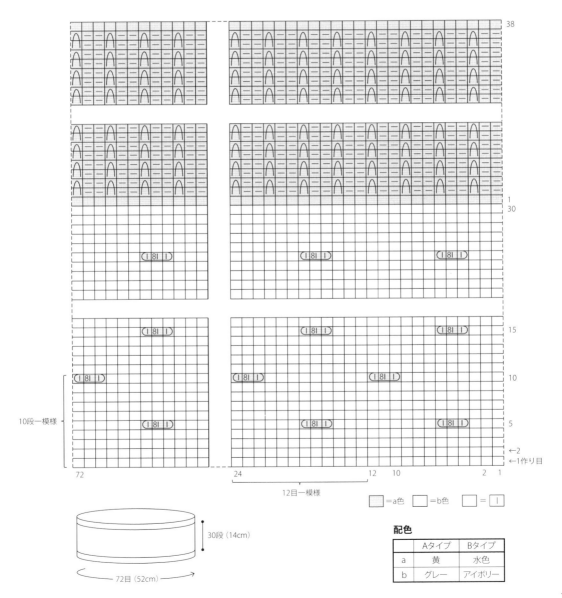

23 パッチワークねじりネックウォーマー P.56

[糸] DARUMA ほんのりグラデーションウール
　　ベージュ(7)60g、ウールモヘヤ/青(8)50g
[針] かぎ針10/0号
[モチーフ] A/23cm×27cm B/23cm×27cm C/27cm×23cm
[サイズ] 幅15cm、周囲64cm

[編み方]
①モチーフをそれぞれ、Aは作り目くさり編み25目、模様編み27段で、Bは作り目くさり編み25目、模様編み31段で、Cは作り目くさり編み34目、模様編み18段で編む。
②ネックウォーマーの仕上げ方を参照し、仕上げる。

[モチーフA]

配色

段数	配色
14～27	青
1～13	ベージュ

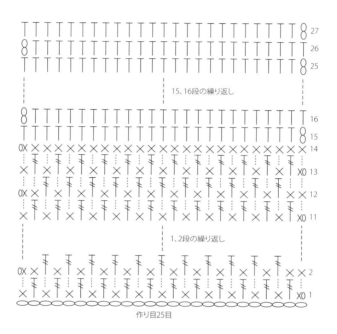

作り目25目

[モチーフB]

配色

段数	配色
12～31	青
1～11	ベージュ

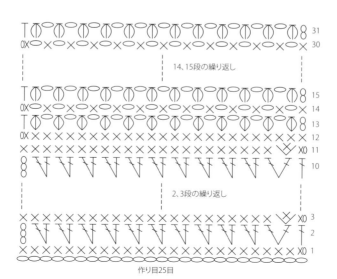

作り目25目

HOW TO MAKE

[モチーフC]

配色

段数	配色
15〜18	青
13,14	ベージュ
9〜12	青
7,8	ベージュ
3〜6	青
1,2	ベージュ

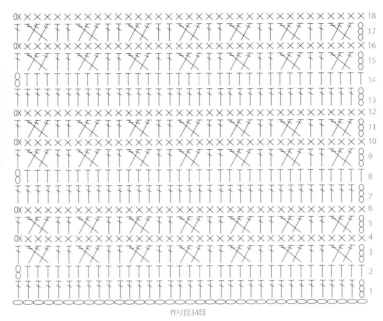

作り目34目

[ネックウォーマーの仕上げ方]

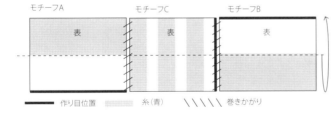

①モチーフを図のように並べ、巻きかがりでつなぎ合わせ、表を中にして点線を中心に横半分に折る。

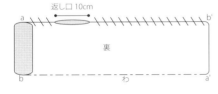

②図のように10cmの返し口を開け、aからb'までを巻きかがりでとじ合わせる。

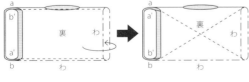

③b'a'の端を内側に折り込みabに合わせたら、半回転させa-a'、b-b'を合わせる。

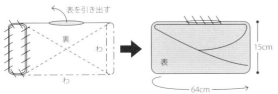

④③で合わせた口を一周巻きかがりで縫い合わせ、返し口から表を引き出し返す。最後に目立たないよう返し口をとじ合わせる。

109

24 リバーシブルのファーえりまき　P.58

[糸] スキー毛糸 スキーツインメリノ/白(2801)80g、
スキー天使のファー/紺(25)75g 、
スキーリネア/青系(31)40g
[針] 棒針14号
[ゲージ] かのこ 12.5目23段 10cm四方
　　　　 ファー 11.5目15段 10cm四方
[サイズ] 幅17cm、長さ78cm

[編み方]
①別くさり目で98目作り、糸を変えながら22段編む。
②23段目の伏目と24段目の巻き増し目で通し穴を作る。
③38段までかのこ編みで編む。
④39段目でファー糸に変え90目に減目をし、63段まで編む（途中通し穴を作る）。
⑤作り目をほどき90目に減目しながら針に移し、編み終わりと中表に合わせ、引き抜きはぎにする。
⑥表に返し、両端をファー糸でかがる。
⑦2枚重ねて通し穴の周りをかのこ側から引き抜き編みで一周囲む（ツインメリノ使用）。

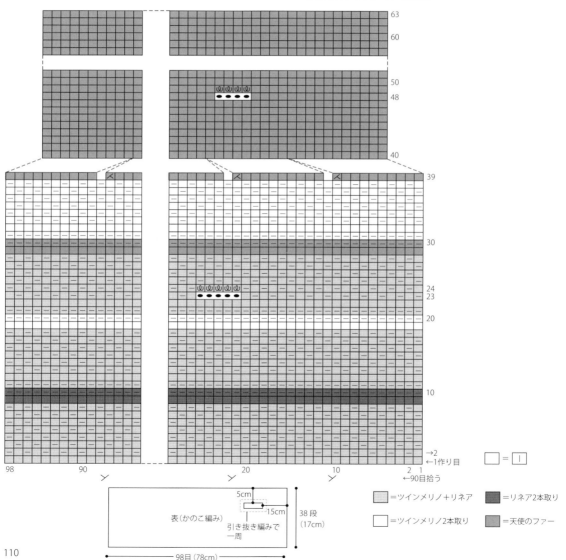

HOW TO MAKE

25 極太糸のハイネックウォーマー　P.60

[糸] A:ハマナカ ドゥー！/白(1)100g、アメリー/緑(12)5g
　　B:ハマナカ コンテ/茶(3)70g、アメリー/黄(25)5g
[針] かぎ針10mm
[ゲージ] 長編み表引き上げ編み6目5段 10cm四方
[サイズ] 幅14cm、周囲53cm

[編み方]
①作り目はくさり編みで27目編み、輪にする。
②模様編みで7段編む。
③Aは緑糸で、Bは黄糸で縁編みをする。

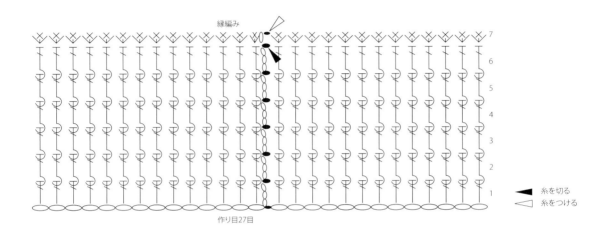

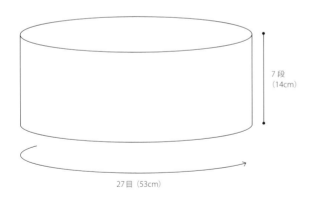

配色

段数	配色A	配色B
本体	白	茶
縁編み	緑	黄

26 インコブローチつきティペット P.64

- [糸] ハマナカ ソノモノループ/グレー(52)70g、
  ピッコロ/白(1)2g、水色(23)3g、黒(20)少々、
  紺(36)少々、黄(42)少々
- [針] かぎ針3/0号、7mm
- [その他] ボタン(直径1.8cm程度)1個、フェルト(10cm四方程度/グレー)、ぬいぐるみ用さし鼻(4.5mm)2個、綿少々、手芸用ブローチピン(2.5cm)1個、先がシャープなとじ針、接着剤、ペンチ
- [ゲージ] 6目10段 10cm四方
- [サイズ] ティペット幅14cm、長さ42cm、インコブローチ3cm×9.5cm

[編み方]
① 7mm針で作り目はくさり編み8目、模様編み41段編む。
② 角にボタンを縫いつける。
③ 3/0号針で作り目くさり編み4目、細編み24段でインコ本体を編む。インコ羽は糸端をわにし、細編みとくさり編みで4段編む。
④ インコブローチの作り方を参照し、仕上げる。

[ティペット]
配色:全段グレー

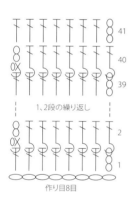

[インコ本体]

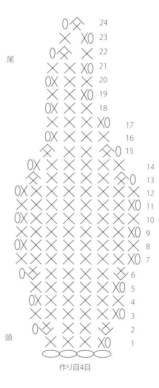

[インコ羽]
配色:全段水色

配色

段数	配色
6〜24	水色
1〜5	白

●ボタン位置

HOW TO MAKE

[インコブローチの作り方]

①編地に合わせてフェルトと厚紙（一回り小さく）をカットし、図の通り重ね合わせる。

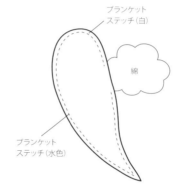

②点線の位置まで周りを縫い合わせ、編地と厚紙の間に綿を詰め最後まで縫い閉じる。

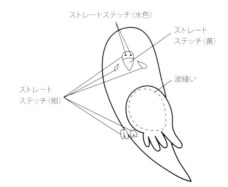

③羽を縫いつけ、顔と足の刺しゅうをする。

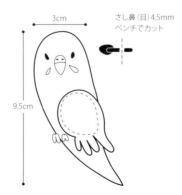

④さし鼻（目）のさす部分を半分カットし接着剤をつけて編地にさし込み、裏に手芸用ブローチピンを縫いつける。

113

27 クマ耳フードつきマフラー P.66

- [糸] ハマナカ ソノモノループ/茶(53)160g、アメリー/オレンジ(4)4g
- [針] 棒針15号、かぎ針8号
- [ゲージ] ガーター編み 9目21段、メリヤス編み 8.5目18.5段 10cm四方
- [サイズ] 幅12〜22cm、長さ75cm

[編み方]
① 指でかける作り目で130目作る。
② 編み図のとおりに25段まで編む。
③ 26段目は伏せ止め、裏編み、伏せ止めし、糸を切る。
④ 糸をつけ、27段から30段まで編む。
⑤ 31段から輪編みで編み、減目をしながら天辺まで編む。
⑥ 残った8目に糸を通ししぼる。
⑦ 耳大をループ、耳小をアメリ(2本取り)で編み、重ねてまつり本体にぬいつける。

[クマ耳]

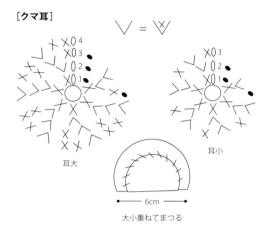

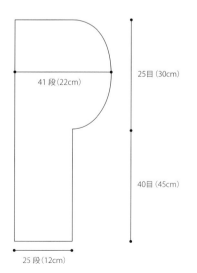

[耳のつけ位置]

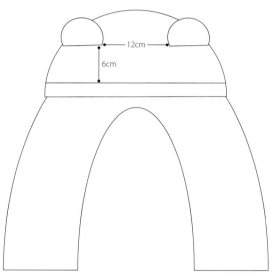

HOW TO MAKE

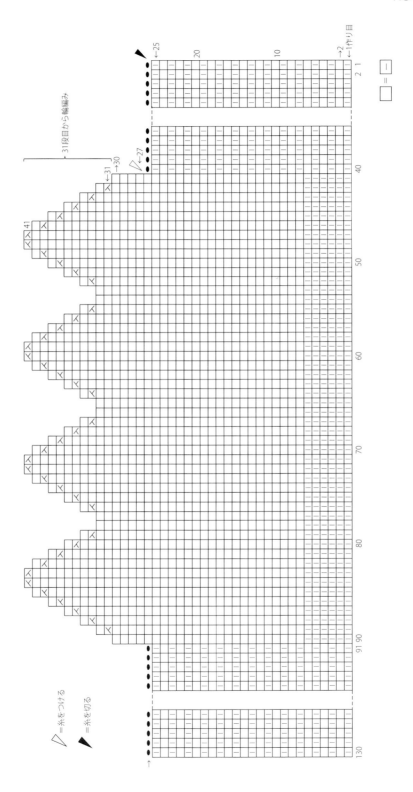

28 アラン編みのネックショール　P.68

[糸] ハマナカ ソノモノスラブ超極太/白(31) 240g、
　　　オフコース！ビッグ/マスタード(115) 20g
[針] 棒針15号
[その他] ニットピン、ハマナカ くるくるボンボン/直径9cm、
　　　　7cm
[ゲージ] 12.5目15段 10cm四方
[サイズ] 高さ40cm、周囲48〜100cm

[編み方]
①指でかける作り目で60目作り、輪にする。
②模様編みで30段編む。
③31段目から編地を裏返し、反対方向に編み進む。
④アラン模様を編み、最後は伏せ止めをする。
⑤フリンジ用に23cmの糸を36本作り、指定の位置につける。
　※P.80参照
⑥くるくるボンボン(9cm)に60回、(7cm)に50回、マスタードの糸を巻いてボンボンを作り、ニットピンに結びつける。

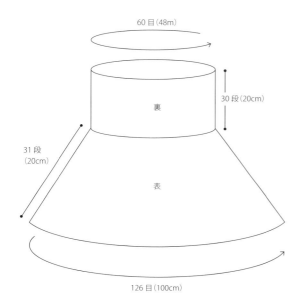

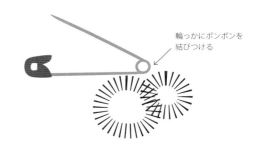

輪っかにポンボンを結びつける

[編み方]

左目に通すノット

3目めを1・2目にかぶせ、
1目めを表目で編む。

かけ目そして2目めを
表目で編む。

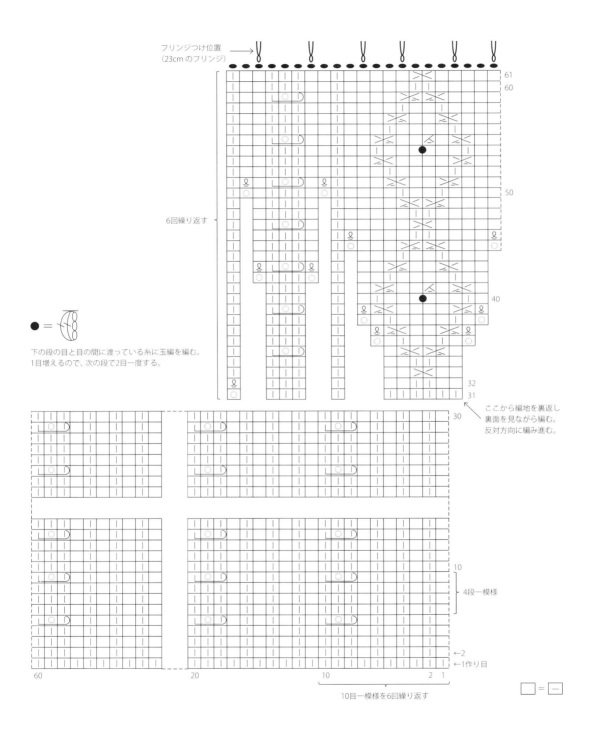

29 ネップ糸の玉編みティペット　P.70

[糸] A:DARUMA ポンポンウール/グレー(6)160g
　　 B:DARUMA ポンポンウール/ダークブラウン(8)160g
[針] かぎ針8/0号
[その他] ダッフルボタン 黒各1個(1.5cm×6cm)
[ゲージ] 12目10cm 5段9cm
[サイズ] 幅19.5cm、長さ70cm

[編み方]
①作り目はくさり編みで7目編み、模様編みで40段編む。
②指定の位置にボタンをつける。

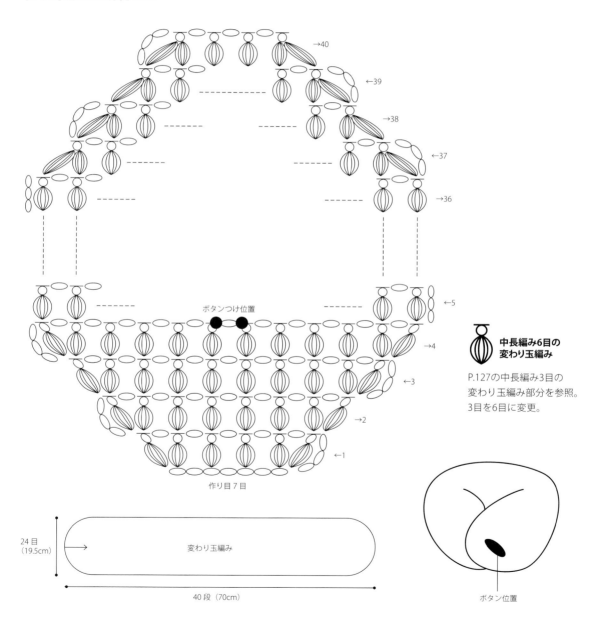

中長編み6目の変わり玉編み

P.127の中長編み3目の変わり玉編み部分を参照。3目を6目に変更。

HOW TO MAKE

30 ネコとキツネのアニマルマフラー P.72

[糸] ネコ:スキー毛糸 スキー天使のファー段染め/ベージュ
(108)120g、スキーマレーネ/マスタード(2410)40g、
ピンク(2404)20g
キツネ:スキー毛糸 スキー天使のファー/グレー(19)
120g、スキーマレーネ/黒(2415)50g
[針] かぎ針7/0号、10/0号
[その他] マフラークリップ1cm×7.5cm(ベージュ×1、黒×1)、
人形用さし目15mm(ブルー×2、イエロー×2)、接着剤
[ゲージ] 13目8段 10cm四方(ファー部分)
[サイズ] 幅10cm、長さ90cm(しっぽ込み)

[編み方]
①本体は作り目くさり編み26目で輪にし、こま編みで47段編む。
②それぞれのパーツを編み図のとおり編む。
③P.120のアニマルマフラーの仕上げ方のとおりに作る。

[本体]
ネコ糸色:ファーベージュ
キツネ糸色:ファーグレー

[しっぽ]
ネコ糸色:ファーベージュ
キツネ糸色:ファーグレー

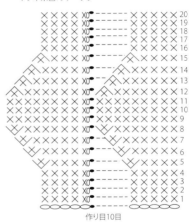

[頭部]
ネコ糸色:ファーベージュ
キツネ糸色:ファーグレー

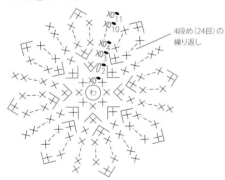

[耳]

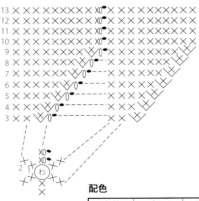

[手足]

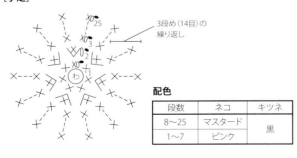

配色

段数	ネコ	キツネ
8～25	マスタード	黒
1～7	ピンク	

配色

段数	ネコ	キツネ
10～13		黒
1～9	マスタード	

[口(ネコ)]
糸色:マスタード　◀ 糸を切る

[顔(キツネ)]
糸色:黒　← 矢印の方向に編み進める

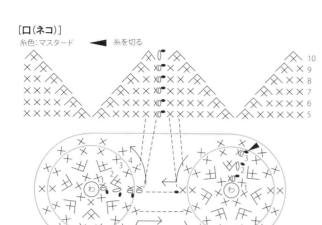

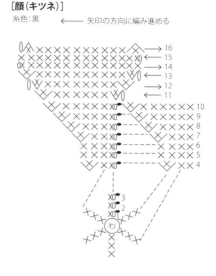

[耳内側(ネコ)]
糸色:ピンク

作り目6目

[鼻(ネコ)]
糸色:1、2段ピンク　3〜8段マスタード

[アニマルマフラーのパーツ]

<ネコ>

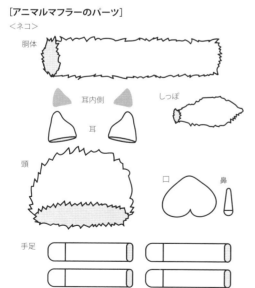

<キツネ>

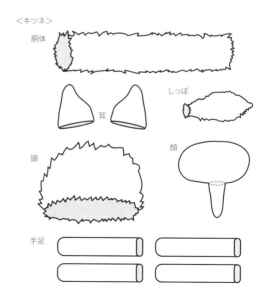

HOW TO MAKE

[アニマルマフラーの仕上げ方]
<ネコ>

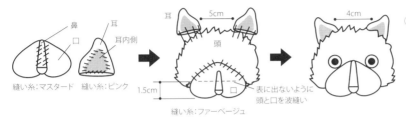

① 図のように配置し、パーツの口をつぶし巻きかがりで縫い合わせる。

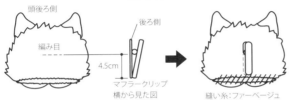

② 鼻と口、耳と耳の内側を縫いつけたパーツを頭に巻きかがりで縫いつけ、さし目に接着剤をつけ、指定の位置に差し込む。

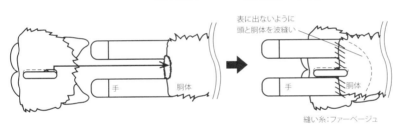

③ 頭の後ろ側の編み目に、マフラークリップの後ろ側を差し込み縫いつけたら、頭の口を巻きかがりで縫い合わせる。

④ マフラークリップの後ろ側のはみ出している部分を、胴体と手の間の口に差し込み縫いつけ、頭と胴体をぐらぐらしないようしっかり縫い合わせる。

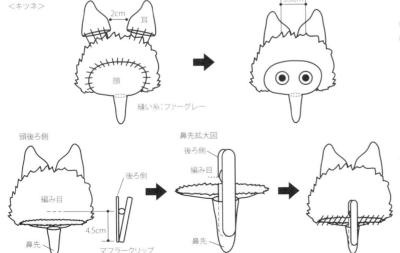

<キツネ>

① ネコの①と同じ工程をする。
② 顔と耳を頭に巻きかがりで縫いつけ、さし目に接着剤をつけ指定の位置に差し込む。

③ 頭の後ろ側の編み目から鼻先までマフラークリップの後ろ側を差し込み、頭の口を巻きかがりで縫い合わせる。
④ ネコの④と同じ工程をする。

31 ボンボンミトンつきマフラー P.74

[糸] DARUMA クラシックツイード/深緑(4)145g、
　　　メリノスタイル並太/サーモンピンク(23)20g
[針] かぎ針8/0号
[その他] ハマナカ くるくるボンボン/直径7cm
[ゲージ] 20目8段 11cm四方
[サイズ] 幅11cm、長さ133cm(ミトン含む)

[編み方]
①深緑糸で作り目はくさり編みで20目、模様編みで76段編む。糸端を長めに切り、ミトンの先端を合わせ巻きかがりで閉じる。
②本体を天地に返し、本体作り目にくさり編み8目を編みつけ輪にし、細編みで24段編みミトンの先端を合わせ巻きかがりで閉じる。
③親指部分を編み、糸端を長めに切り親指の先端を合わせ巻きかがりで閉じる。
④サーモンピンク糸を、くるくるボンボンで200回ずつ巻き、ボンボンを2つ作りミトンの甲に結びつける。

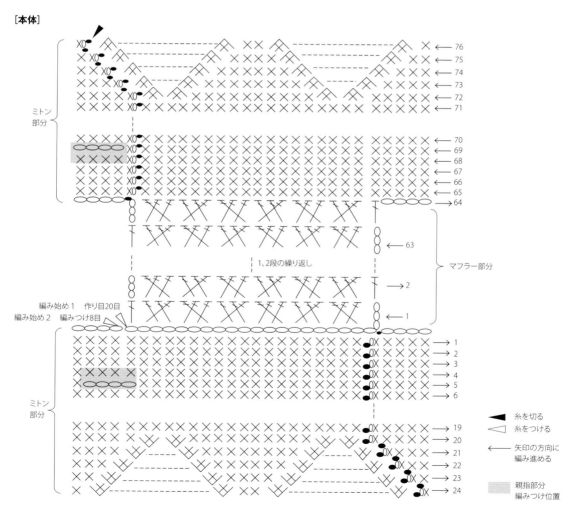

HOW TO MAKE

[親指]

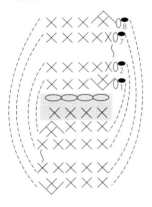

133cm

11cm

[マフラー編み方]

a
①前段の2、3目めに長編みを1目ずつ編む。
②①の手前を通り、前段の1目めに長編みを1目編む。
b
①前段の3目めに長編みを1目編む。
②①の後ろを通り、前段の1、2目めに長編みを1目ずつ編む。
c
①前段の3目めに長編みを1目編む。
②①の手前を通り、前段の1、2目めに長編みを1目ずつ編む。
d
①前段の2、3目めに長編みを1目ずつ編む。
②①の後ろを通り、前段の1目めに長編みを1目編む。

【 棒針編みの編み記号 】

表編み

①糸を向こう側に置き、右針を手前から左針の目に入れる。　②右針に糸をかけ、矢印のように手前に引き出す。　③引き出しながら左針をはずす。

裏編み —

  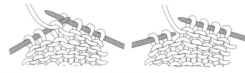

①糸を手前に置き、右針を左針の目の向こう側に入れる。　②右針に糸をかけ、矢印のように向こう側に引き出す。　③引き出しながら左針をはずす。

かけ目

  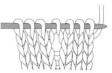

①右針に手前から糸をかける。　②次の目を編む。　③次の目を編むと穴ができる。

ねじり目

①右針を左針の目の向こう側に入れる。　②右針に糸をかけ、矢印のように手前に引き出す。　③引き出したループの根元がねじれる。

右上2目一度

①左針の目を編まずに手前から右針に移す。　②左針の目に右針を入れて、糸をかけて引き出す。　③右針に移した目に左針を入れ、編んだ目にかぶせる。

左上2目一度

①左針の2目の左側から一度に右針を入れる。　②右針に糸をかけ、2目一緒に表目で編む。

すべり目

  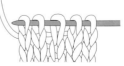

①糸を向こう側に置き、左針の目に右目を入れる。　②編まずにそのまま右針に移す。　③次の目はふつうに編む。

引き上げ目

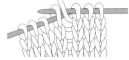
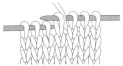
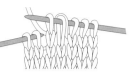

①右針に手前から糸をかけ、左針の目に通す。　②そのまま編まずに右針に移す。　③次の段でかけた糸、移した目を一度に編む。

巻き増し目

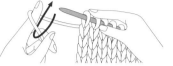
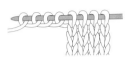

①編み終わった糸を左手の人さし指にかけ、右側で矢印の方向に糸をすくう。　②①の要領で必要な目数を右針に巻く。　③編み地を裏に返し、次の段を編む。

右上交差

①左針の1目めをとばし、2目めに向こう側から右針で入れる。　②1目編む。　③左針のとばした1目を編む。　④糸を引き出したら左針から2目はずす。

右上2目と1目の交差

①左針の2目をなわ編み針に移す。　②移した目を手前に休め、1目を裏目で編む。　③なわ編み針の2目を表目で編む。

左上2目1目の交差

①左針の1目をなわ編み針に移す。　②移した目を向こう側に休め、2目を表目で編む。　③なわ編み針の目を裏目で編む。

右上2目交差

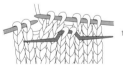

①左針の2目をなわ編み針に移し、手前側に休める。　②左針の2目を編む。　③なわ編み針の2目を編む。

左上2目交差

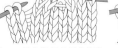
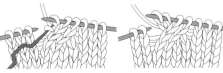

①左針の2目をなわ編み針に移し、向こう側に休める。　②左針の2目を編む。　③なわ編み針の2目を編む。

【かぎ針編みの編み記号】

くさり編み目　かぎ針に糸を巻き付け、糸をかけ引き抜く。

引き抜き編み目　頭くさり2本にかぎ針を入れ、糸をかけ引き抜く。

こま編み目　立ち上がりのくさり1目は目数に入れない。

立ち上がり1目

中長編み　立ち上がりの2目は1目に数える。

台の目　立ち上がり2目

長編み目　立ち上がりの3目は1目に数える。

台の目　立ち上がり3目

長々編み目　立ち上がりの4目は1目に数える。

台の目　立ち上がり4目

長編みの表引き上げ編み　前段の目の足をすくい、長編みを編む。

こま編み２目編み入れる　同じ目にこま編み２目を編み入れる。

こま編み２目一度　２目を一気に引き抜き１目にする。

 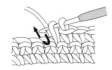 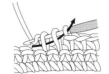 

細編み３目編み入れる　同じ目に細編みを３目編み入れる。

 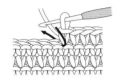 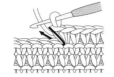 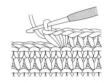

長編み２目編み入れる　同じ目に長編み２目を編み入れる。

長編み３目の玉編み　同じ目に長編みを３目編み入れる。

中長編み３目の玉編み　最後引き抜く手前までの中長編みを同じ目に３目編み入れ一度に引き抜く。

   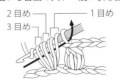 

中長編み３目の変わり玉編み　中長編み３目の玉編み同様中長編みを同じ目に３目編み入れ、矢印のように引き抜き、糸をかけ残りを引き抜く。

企画・制作	ザ・ハレーションズ 　　武智美恵（編集） 　　伊藤智代美（デザイン）	素材提供	株式会社ダイドーインターナショナル パピー事業部 http://www.puppyyarn.com/ tel.03-3257-7135
撮影	サカモトタカシ		
ヘアメイク	田中絵里		
スタイリング	スペース・シー		ハマナカ株式会社 http://www.hamanaka.co.jp tel.075-463-5151（代）
制作協力	宮井紫帆（フォーチュレスト）		
作品製作	小鳥山いん子 高際有希 武智美恵 blanco 宮井和美		株式会社元廣（スキー毛糸） ライフスタイル事業部 http://www.skiyarn.com tel.03-3663-2151
モデル	佐々木結音（cover） 秋山 隼、秋山 廉 隠岐ことね 高橋瞳天 田中蔵之助 安留 咲		横田株式会社・DARUMA http://www.daruma-ito.co.jp/ tel.06-6251-2183（代）

棒針とかぎ針で編む
普段着に合わせやすいスヌードからネックウォーマーまで

毎日使える定番のこどもニットマフラー　NDC 594

2016年10月14日　発行

編　者	誠文堂新光社
発行者	小川雄一
発行所	株式会社　誠文堂新光社 〒113-0033　東京都文京区本郷3-3-11 （編集）電話 03-5805-7285 （販売）電話 03-5800-5780 http://www.seibundo-shinkosha.net/
印刷・製本	大日本印刷 株式会社

©2016,Seibundo Shinkosha Publishing Co.,Ltd.　　　Printed in Japan　検印省略
禁・無断転載

落丁・乱丁本はお取り替え致します。
本書に掲載された記事の著作権は著者に帰属します。
これらを無断で使用し、展示・販売・レンタル・ワークショップ、および商品化等を行うことを禁じます。

本書のコピー、スキャン、デジタル化等の無断複製は、著作権法上での例外を除き、禁じられています。本書を代行業者等の第三者に依頼してスキャンやデジタル化することは、たとえ個人や家庭内での利用であっても著作権法上認められません。

Ⓡ〈日本複製権センター委託出版物〉
本書を無断で複写複製（コピー）することは、著作権法上での例外を除き、禁じられています。本書をコピーされる場合は、日本複製権センター（JRRC）の許諾を受けてください。
JRRC〈http://www.jrrc.or.jp/　E-mail: jrrc_info@jrrc.or.jp　電話 03-3401-2382〉

ISBN978-4-416-71610-6